„Wer nicht in seine eigne Tiefe taucht,
hält es in der Tiefe der anderen nicht aus."

Lavoce del Silenzio

Bestimmung

Sinnend im Tal zu Goethes Höhen,
Schillers Geisteswinde wehen -
habe ich mich aufgemacht,
sie zu ehren - Werk vollbracht.

Vorbeigeschrammt an großer Kunst,
erweise ich den Worten Gunst.
Suche sie mir zu sortieren,
ohne nach reichlich Ruhm zu gieren.

Wer Muse hat, jetzt das zu lesen,
sich hinzugeben Wird und Wesen,
dem sei gewiß, es ist sehr klar,
was ausdrückt dieser Worte Schar.

Markus Lange

Meine SEIN(e)-Reime

Natur und Sein

Aus dem Skumeln-Turm

© 2023 Markus Lange
Coverdesign: Markus Lange
Satz & Layout: Markus Lange

Verlagslabel: Aus dem Skumeln-Turm

ISBN: 978-3-384-03070-2

Druck und Distribution im Auftrag :
tredition GmbH, Heinz-Beusen-Stieg 5, 22926
Ahrensburg, Germany

Die Publikation und Verbreitung erfolgen im Auftrag , zu erreichen unter: tredition GmbH, Abteilung "Impressumservice", Heinz-Beusen-Stieg 5, 22926 Ahrensburg, Deutschland.

Sinnhaltsverzeichnis

Genuß

Dem Wahren im Schönen der Kunst
huldige ich mit Gunst.
Ihm sei mein Geben angediehen.
Wohlan. Es solle aus mir sprühen.

Neig mich wohlig dem Gefühl,
es einfach durch mich fließen will.
Zeigt mir schweigend, grundhaft TRAUEN,
auf dem all unsre Leben bauen.
Wirkt ungefragt und still.

Mit erfüllter Dankbarkeit
bleibt uns reich gegeben,
was ich liebend wesen mag
in diesem Wonneleben.

Mal ganz nebenbei

Danke liebe Engelein!
Danke dir großes AllEin!
Wie die Worte durch mich fließen,
in all den Zeilen sich ergießen.

Reich, ohne Mühe, ohne Hast,
laßt ihr mich schreiben, frei von Rast.
Übers Papier ein Eilen -
Lieb und Herz mit Menschen teilen.

Dies Freud schenkt eine Energie,
läßts Leben sein die Melodie.
In Stille klingt sie zauberhaft.
Trübsal treibt hin - sinnleere Kraft.

Wenn dann´ s Gedichtlein vor mir liegt,
alle Schwere sanft besiegt,
fühl ich Leichtigkeit geboren.
Hab mich in mir verloren -
in meinem Universum tief
als Garten, wo ich Ruhe erlief.

Wie dank ich euch - brauch nicht mehr rennen
ums Glück - es in mir zu erkennen.
Seliges Schweben durch mein Sein
und fühle: Ich bin nicht allein!

Irrender Frühling

Im Herzen wärmen heil der Sonne Strahlen,
wie ich ziehe durch Wald und Feld.
Keks trottet lieb und ist ein Held.
Am blauen Himmel sich kleine Wolken aalen.

Mein Blick schweift leer, doch voller Wonne.
Ein Frühlingstag ins Herz einzieht.
Kitzeln mich Strahlen von Frau Sonne.
Das tut so gut, rein fürs Gemüt.

Im Tale lang der Morgenschleier ruhe.
Die Wiese fest im Reif erstarrt.
Drinnen öffnet unser Stern mir seinen Raum
in dem man ewig trunken, gerne harrt.

Knisternd unter meinen Schuhen bricht
des Waldes Pracht aus letzten Sommertagen.
Einsam und AllEin klopft leis ein Specht.
Kahl ins Nichts die Äste ragen.

Inmitten einer Rauhnachtszeit
liegt Landschaft hier sonst reich beschneit
zum Ruhen still für alle Wesen.
In zarten Kristallen wollte ich lesen
die sich in Kälte fein gezweigt.

Freiflug

Die Gedanken manchmal fliegen
um die Welt und durch das Meer.
Sollen all die Frieden siegen
in mir und um mich umher.

Liegen im immergrünen Grase -
Vögel tanzen, frei, im Wind.
Die Sonne, sanft, berührt die Nase.
Wolken ziehen entlang, geschwind.

Und wenn erreicht der hohe Traum
an gar nichts mehr zu denken.
Zeitloses Sein im freien Raum -
erfüllte Seelen sich dort schenken.

Stundengang – ein maßlos G`fühl -
die große Ruhe findet im Geiste.
Erreicht ist fernab von Gestühl
das Höchste, was man leiste.

Der große Frieden hat gesiegt,
tief drinnen, in der Welt.
Befreit die Seele umher fliegt.
Ist Ruhe, Gnade, die erhellt.

Genießen - den Moment - so frei.
Ach, bleib er doch auf ewig!
Kommt immer dann der grelle Schrei
vom gefühlten König.

In aller Stille

Ein Wald, ein Baum, ein Ast, ein Zweig -
für Menschen reist so Ewigkeit.
In Ruhe – still, nicht über Nacht,
wächst er empor in voller Pracht.

Erleben der Erhabenheit
bescheiden uns in Demut weiht.
Es gleich zu tun in Kraft und Frieden -
einfach wachsen und uns lieben.

In allem wohnt die tiefe Liebe,
hervorbringt immer neue Triebe
am Zweig, wie auch des Menschen Geiste,
gelingt so *still* das Allermeiste.

Fällt ein Baum, der Frieden bricht
mit Getöse - selbst ein Wicht
vermag uns diese Ruhe stören.
Unordnung bleibt schrill zu hören.

Bezaubernd wirkt die stille Kraft,
was einfach nur die Liebe schafft.
Wirkt sie mit Beständigkeit,
bleibt fern fast immer schreiend Leid.

Quantenspiel

Fängst du dich, bekommst du mich.
Fang ich mich, bekomm ich dich.
Hast du dich, dann hast du mich.
Das Spiel geht all, mal kreuz, mal quer
und dabei immer hin und her.

Komm ich raus aus meinem Bau,
machst du in deinem viel Radau.
Wollen wir nach NordSüdWest,
weiß ich, im Osten hängst du fest.

Verschränkt geht`s so im Lebenstritt
behutsam gefügt, fest, Schritt für Schritt.
Weiß dich nah an meiner Seite.
Fühl mich wohl in dieser Freude.

Spielen ewige Fülle in Liebe heut,
mit offnen Herzen aller Leut,
wird das Glück kaum zu ertragen,
daß dann ist in all den Tagen.

Meer

Steh ich hier zu deinen Füßen,
kannst du dich über mich ergießen.
Gelingt`s dir leicht in Übermacht,
wenn deine Kräfte sind entfacht.

In jeder neuen Spiele Weise
geht es auf eine eigne Reise.
Mal tosen deine Wellen wild,
dann malst du mir ein Spiegelbild.

Bezaubert von dir Element,
dich meine Sehnsucht in mir kennt.
Gleicht nicht alles dicht am Strande.
Zieht sich der Glieder reiche Bande.

Feuer, Eis, Sturm, Plasmawolken -
tanzen sie Reigen, kann ich nicht folgen.
Genieß dich lieb am Palmenstrand.
Behüt` ich dich, all Glück entstand.

In deinen Wellen ist ein Schwingen,
Möwen ihre Lieder singen,
wie ein Sandkorn frei im Wind …
mit welcher Leichtigkeit wir sind.

Der Obhut - deiner – Element
erfülle ich mich gern.
Einst mein I.CH dein Wesen kennt,
find mich in Lebens Kern.

Ich steh` drauf

Mutter Erde - Christusleib -
du bist kein gewöhnlich Weib.
Gibst uns alles für das Leben
erwartungsfrei von unsrem Streben.

Mag danken dir für diese Fülle!
Manche sehen nur die Hülle,
frei, vom Blick für wahre Pracht
wird dieser Schönheit oft gelacht.

Mit Stolz trägst du der Leiden viele,
welche der Mensch, oft nur zum Spiele,
aus falscher Gier dir angetan
in Ferne von sich – seinem Wahn.

Ich wünsche, daß die Liebe fließt,
in deinen Körper sich ergießt.
Im Antlitz dieser Einzigkeit
Vielfalt mein Fassen übersteigt.

Hältst mich fest mit einer Kraft,
wie eine nur, wie du, das schafft.
Läßt mich nicht hängen oder fallen.
Mein Sitz ist fest in deinem Wallen.

Heb ich ab zu fehlem Fliegen,
werd ich schnell auf dir erliegen.
Zu stetem Dank bin ich bereit.
Oh du, bezaubernd schönes Weib.

Als Mama hast du jene Kraft,
die mit Geborgenheit es schafft,
uns All geschickt erbauen zu lassen,
wenn wir es wissen anzufassen.

Es liegt in dir AllEs bereit
für eine schönste Lebenszeit.
Ich knie auf dir vor dir nieder
und komme gerne immer wieder.

Neuer Winter

Erste Flocken rieseln leise
in uns altbekannter Weise.
Still liegt das Land, glänzend beschneit,
in Würde und Erhabenheit

Kristalle – jedes wunderschön -
gesteckt in viele Flocken.
Entdecken sie, wenn wir hinsehen.
Träumerei will uns frohlocken.

Über Felder schweift der Blick.
Das letzte Jahr - weiteres Glück.
Monotonie leiht uns die Stille;
zur Ruhe gezähmt entschläft mein Wille.

Einzigartigkeit im Kleinen -
Tropfen sei nun glitzernd Stern -
ist mit der großen Welt im Reinen,
hier ganz nah und dort ganz fern.

Fallen Sterne uns vom Himmel
würdevoll im Flockengewimmel.
Jeder bedeutend freudvolles Glück
erhellen sie demutsvoll den Blick.

Heuernte

Als Ochsen vor dem Karren
hält oft man uns zum Narren.
Wie sind wir so geworden
zu diesen Ochsenhorden?

Im Sinne der Gemeinsamkeit
sind zu vielem wir bereit.
Doch bleibt das Eins, was wir hier suchen,
erschleichbar nicht für Kirmeskuchen.

Wenn wir zusammen, wie`s gedacht,
sind wir als Eins die große Macht -
tragen wir Gemeinschaftssinn
nicht als Trophäe vor uns hin.

Leben wir mit Herz und Tat
die Liebe zu den Nächsten,
und zu uns selbst auch – wär mein Rat.
Der Karren würde ächzen.

Und wer noch treibt mit Peitschenknall
als Sklaven uns durch Tage.
Dem sei gewiß, der Widerhall
wird ihm bald selbst zur Plage.

Ist Jenseits Diesseits der Stille

Ebenentief geschmolzen in die Stille,
Diesseits und Jenseits in mir gebunden.
Bin nah bei mir mit Absicht und Wille.
In diesem Raum kein Schmerz der Wunden.

Wirke schwingend durch mein Sein.
Die ewige Liebe trägt.
Aus aller Dimensionen Schein
AllEs ist - was mich hier prägt.

Um mich herum üppige Maya -
die große Illusion.
Was drückt mich ein, was drück ich aus?
Liebe wird Passion.

Bindung rein aus Herzens Grund
läßt mich dort friedlich ruhen.
Ende ist Anfang im Kreisesrund.
Nichts bleibt mehr Trennung im Hier.
Und nun?

Sehnsuchtsort

Werd des Moments ich mir gewahr,
welch Quell ich froh entsprang.
Was mich umhüllt, was Geist gebar,
säumt meinen Weg entlang.

Löst sich mein Fühlen – frei von Dingen.
Sehen wird ganz klar.
In mir Melodien singen,
wo ich in mir noch niemals war.

In welchem Geist bin ich zu Hause?
Was vom Geist ist auch in mir?
Wenn ich durchs Universum sause,
saus ich dann nicht in mir, wie ihr?

Wo ist unser aller Quell,
da Liebe nur entspringt?
Ewiges Licht scheint – warm und hell.
Ewiger Frieden harmonisch schwingt.

Gold

Honiggold wie Liebe fließt
durch All hindurch bis ins Gemüt.
Durchdringt sodann es klar und zart.
Haften fest, können auch hart.

Durchflutet von der Sonne Strahlen
schimmert Unbeschreibliches hervor.
Schmilzt`s auf der Zunge, kann man ahnen,
welch Energie steigt mit empor.

Dem Bienengold gleicht unsre Liebe.
Erstarrt mir beides, wenn's einfach bliebe
voll lieblich süßem Kleister -
hältst du`s in Wallung, bleibst du Meister.

Entfalten zwei in dir die Pracht.
Das Bienengold, leicht, wie`s gedacht.
Die Liebe schwingt mehr mit Bedacht,
bleiben die Flammen reich entfacht.

Süß und warm durchdringen sie
Seele und Herz voller Magie.
Im Genuß wie auch im Traum:
Greifst du zu viel, stichts mächtig zu im Lebens-
raum.

Hermann

Geliebter Hermann H.,
wie fühl ich mich dir nah.
All deine Worte und Gedanken
sich in mir um mein Herze ranken.

Zeilen sind in mir empfunden
als hätte ich sie selbst entbunden.
Jeder Hybris ich entsage.
Steht Dankbarkeit niemals in Frage.

Aus meiner tiefsten Seele spricht
jedes einzelne Gedicht,
welche deine Feder zieren.
Endlos - kann mich drin verlieren.

Auf deinen Texten schweben
ist endloses Leben.
In dein Wirken, Wesen falle
ich so watteweich.
Im reichen Widerhalle
seh ich mein Himmelreich.

Steige Stuf` um Stufe,
deiner Seele wach,
folge des Anfangs Rufe
aus deinem Werke nach.

Bis in alle Ewigkeit

Vorwort dazu:

Bevor des Schäfers Stündlein schlägt,
Neugatte dich ins Bettlein trägt,
mag ich eines noch dir künden,
des Herzens Flamme soll`s entzünden:

Mein Herz, es darbt in tiefer Trauer.
Himmel tragen grauen Samt.
Seele hat sich weit begraben.
Ein Dolch im Brustkorb festgerammt.
Mein Panzer ist die dickste Mauer.

Unzählig runde Kullertränen
purzeln, stolpernd, durchs Gesicht.
Ein Rinnsal, welches kaum zu stoppen -
Schicksal, wie bleiernes Gewicht,
durchkreuzt der Freude heitre Pläne.

Der Sonne Strahlen treffen tief.
Milde Wärme zieht ins Herz.
Durch der Trauer Schleier blitzt
leises Licht, hellt auf den Schmerz.
Mein Herz, es schluchzend Leid ausrief.

Untröstlich trotz der Dinge Lauf,
lodernd die Flamme gen Firmament,
Herzensliebe ewig innig
in Einmaligkeit sie brennt.
Einzig wahre Lebensliebe: nimmt viel in Kauf –
doch hört nie auf.

WARUM-Verstand oder Perspektivenroulette

Im Nachhinein bleiben die Fragen,
die, wenn wir wohlbeherzt es wagen,
uns Klarheit in die Sinne streuen.
Fehler gedeihen nicht von neuen.

Und schmerzen Antworten auch sehr,
bringt es dem Fühlen ungleich mehr,
einst zu erkennen, was da war.
Wird im Leiden manches klar.

Die Nebel lichten sich bald sacht.
Ehrlich zu sich – ganz mit Bedacht.
Ehrlich zum andern – ganz als Held.
Scheints Licht frisch anders auf die Welt.

Kostet`s auch Kraft reich auszuhalten,
wie sich die Antworten gestalten:
Blickt man in die Spiegel rein,
dabei sollt man auch laut mal schreien,
kommt Klarheit auf. Und was dann bleibt,
lebt die Essenz von Ewigkeit.

Ist´s Herze rege hier dabei,
lodert es noch aus der Glut,
bleibt die Liebe rein – befreit,
dann könnte werden alles gut,

wenn alle haben diesen Mut,
zu schreiten durch das Labyrinth -
Hand in Hand - wie`s nun beginnt:

Sie hat mich nie geliebt.
Ich habe sie nie geliebt.
Ich habe mich nie geliebt.
Sie hat sich nie geliebt.
Wir haben uns nie geliebt.

Meine Liebe hat ihr nichts bedeutet.
Ihre Liebe hat mir nichts bedeutet.
Meine Liebe hat mir nichts bedeutet.
Ihre Liebe hat ihr nichts bedeutet.
Uns hat die Liebe nichts bedeutet.

Ich habe ihr nichts bedeutet.
Sie hat mir nichts bedeutet.
Ich habe mir nichts bedeutet.
Sie hat sich nichts bedeutet.
Wir haben uns nichts bedeutet.

Sie hat nicht zu mir gestanden.
Ich habe nicht zu ihr gestanden.
Ich habe nicht zu mir gestanden.
Sie hat nicht zu sich gestanden.
Wir haben nicht zu uns gestanden.

Ich war ihr nichts wert.
Sie war mir nichts wert.
Ich war mir nichts wert.
Sie war sich nichts wert.
Wir waren uns nichts wert.

Ich habe bei ihr versagt.
Sie hat bei mir versagt.
Ich habe bei mir versagt.
Sie hat bei sich versagt.
Wir haben versagt.

Sie hat mich belogen.
Ich habe sie belogen.
Ich habe mich belogen.
Sie hat sich belogen.
Wir haben uns belogen.

Sie hat mich ausgenutzt.
Ich habe sie ausgenutzt.
Ich habe mich ausgenutzt.
Sie hat sich ausgenutzt.
Wir haben uns ausgenutzt.

Sie hatte nur Interesse an meiner Hülle.
Ich hatte nur Interesse an ihrer Hülle.
Ich hatte nur Interesse an meiner Hülle.
Sie hatte nur Interesse an ihrer Hülle.
wir hatten nur Interesse an unseren Hüllen.

Ich habe sie verloren.
Sie hat mich verloren.
Ich habe mich verloren.
Sie hat sich verloren.
Wir haben uns verloren.

Und so müßt es weitergehen.
Vielleicht erschreckt´s auch, was wir sehen.
Doch ergibt es jenen Kern,
welcher in den Jahren fern.

Da diese Antworten uns fehlten,
wir uns sinnlos streitend quälten,
wir nicht wussten, was wirklich war;
der Scherben sind wir wohl gewahr.
Erkenntnis` Asche vor uns liegt,
die mit dem Winde angstfrei fliegt,
wie auch alle schöne Zeit
die ewig uns im Herzen bleibt.

Vorbei Tyrannei

Oh, Geliebte alter Tage,
bleibt dies für mich nie mehr die Frage.
Sitz da und schau dir gerne nach
sogar bis in dein Schlafgemach.

Strahltest aus mein Herz zu hell.
Warst meiner Wahrnehmung zu grell.
Leuchtetest als welscher Schein,
manipuliertest die Seele spinnfein.
-
Mein innres Licht `s nun aufgegangen,
hab neue Sterne eingefangen,
die wärmen, so, wie ich es mag
in mir den lieben, langen Tag.
-
Kein Blenden, tückisch, im Übermaß -
ich blind vor Lieb mich glaubte.
Taumelnd, vor Überschwange blaß,
es Energie mir raubte.

Heut lebt in mir Natürlichkeit
im täglich Miteinander.
Niemand mehr voll fehlem Neid
mich Mensch bringt auseinander.

Schluß mit Lustig sei jetzt hier!
Die Freude hat gewonnen.
Geh! irrige Liebe. Raus aus mir!
Altes sei zerronnen!

Heil und Segen
auf allen deinen Wegen

Völlig losgelöst

Fest verzahnt
in uns verrannt
Unerkannt
ausgebrannt

Erlebte Oberfläche hier
aussaugende Lebensgier
Immervolles Akku da
Gemeint, es ohne Sinn geschah

Was band
war verkannt
War kein Halt
Zu groß der Spalt

Kleines Glück
ging Stück um Stück
auf leisen Sohlen
Hilfen holen

Kinder der Lieben
einsam zerrieben
im freien Fall
im Spaltenhall

Hart auf Grund
blutiger Fund
offene Herzen
alle mit Schmerzen

Ausgelaugt
und ausgesaugt
des Anderen Glück
Blieb nichts zurück

Was nicht klar
das nicht wahr
Was nicht ist
du nicht bist

Kulisse gerissen
Trümmer zersplissen
Kindertränen
sind zu erwähnen

Inneres Leid
und nicht bereit
gemeinsam zu lösen
statt rumzutösen

Schlüssel zum Glück
kehrt so nie zurück
Chancen verschossen
Weiter verschlossen

Weiter saugen
statt zu glauben
Frei im Innen
würde gewinnen

Beides möglich
Eines wahr
Kinderglück
muß zurück

Seelenkunde
nun führt den Munde
Baut neu auf
aus Trümmern zuhauf

Herzsprache
als Rache
Versprühtes Glück
kehrt langsam zurück

Heilt den Schmerz
ohne Kommerz
Freude heute
ohne Meute

Tief im AllEin
So kann es sein
Menschen umwogen
von Glück angezogen

Rund ums Herz
gelöst von Schmerz
Frei wie der Wind
nun jedes Kind

Abschied

Eine Zeit sagt leis Ade.
Gereinigt alle Bindung.
Loslassen ohne Ach und Weh -
Reifet schöpfende Findung.

Der letzten Jahre trübes Fischen.
Es bleibt in jedem Fall vorbei.
Wird klar *ohne* fremdes Mischen
einster milchig Einheitsbrei.

Richtungen im Zusammenleben
mit der Herzen Kinder
wurden uns rein neu gegeben.
Sind Engleins Liebefinder!

Mit vielen Bildern und Symbolen
das Leben wahrhaftig sich zeigt.
Durften wir sehend, schauend holen,
wozu die Chroniken geneigt.

Aller Erkenntnis reiche Gaben
vor uns strahlend ruhen.
Ein Bild als Ganzes offenbart erhaben,
was schlummerte in alten Truhen.

So erstand ein tiefer Frieden
aus frühen, wilden Wirren.
Die Ruhen im Geiste lächelnd siegen.
Vorbei ein Umherirren.

Im Eins zieht Leben anders Kreise
mit altgetrauten Seelen.
Kein Unwohl mehr aus alter Weise.
Wärmende Werte zählen.

Mein Dank in alle Dimensionen,
allen lichten Energien,
die wirkten, frei, ganz unverhohlen
als Offenbarung schien.

Herbsterwachen

Tief im Tal die Nebelschwaden ziehen
mit dem Fluß, begleitend seinen Lauf.
Die Ernten sind uns reich gediehen.
Und wieder geht die Sonne auf.

Ein neuer Tag mit neuem Glück
will wohl genossen werden.
Kehrt Nacht schneller nun zurück.
Zeiten ändern sich auf Erden.

Voller neuem strahlend Licht
erstes Herbstbunt uns erfreut.
Der dicke Nebel lichtets Dicht,
zeigt sich das ganze Heut`.

Mit klarem Blicke auf das Leben
erschöpfen wir den Tag.
Freude und Erfüllung geben,
wie jeder es gern mag.

Der Abend kriecht längst fröstelnd leise,
den Zeiten gleich, uns ins Gemüt.
Geht weiters Jahr und Lebensreise.
Wird sehend, was noch blüht.

Angekommen

Letzte Stunden ewig ergossen sich in Liebe.
Herzen berührten sich ganz frei.
Energien schwangen so, daß dieser Zustand
bliebe.
Seelen fanden sich – Leid brach entzwei.

Im Innersten vor Rührung ganz benommen,
der Liebe Vielfalt neu entdeckt.
Herzen ist der Schmerz genommen.
Bindung fühlt sich neu geweckt.

Gerührt, in feierlichen Stunden
begegnet einem Augenpaar,
das grub sich weit in alte Wunden
und reichlich neues Glück gebar.

Seelenleid kommet ins Heilen.
Glück, freudenvoller, frisch erklingt.
Alte Wunden davoneilen.
Uns Wärme und Geborgenheit umringt.

Wem die Liebe wird gegeben;
als Same sie bald reifen kann.
Werden Herzen magisch sich erheben
in einem zauberhaften Bann.

Tage wie dieser

Ein trüber Tag im Sommer weit.
Vorbei ging eine schönste Zeit.
Regennaß steigt aus den Wäldern -
Nebeldunst auf Stoppelfeldern.

Natur saugt auf den Regensegen.
War des Sommers Liebe erlegen.
Geht es den Menschen, wie den Leuten,
wird vieles klarer nach dem Häuten.

Mit Wärme, Licht und Müßigkeit
ließ sich verdecken vieles Leid.
Durch süßen Gifts betörend Duft
ward stickig langsam reine Luft.

Nach langer Zeit in dieser Wolke
spürte man Kribbeln unterm Volke.
Ein Guß wusch ab die Staubesdecke.
Wird wieder sichtbar jede Ecke.

Nun Handeln reinen Herzens zeigt,
wozu wir Menschlein sind bereit.
Aus uns heraus die Liebe wächst,
ist alles Dunkle schnell verhext.

Das Pendel geht so her und hin,
träumend schwinge mit – ich – bin,
auf dessen Kugel, wie Münchhausen,
schwelgend durch Universen sausen.

Zurück als kleiner Tränentropfen
laß ich mir nicht den Sinn zustopfen,
plumps mit Schwung von Mundes Lippe
und schaukle erfüllt des Lebens Wippe.

Licht

Mißgetraut, rasch, auf die Schnelle
ist oft des Zwiespalts bittre Quelle.
Menschenskinder Blick hinein
in den Spiegel tief
zeigt ein Bild – die Erd` ganz rein –
und, was die Geister rief.

Wohlbeherzt werd ich ihn wagen,
diesen tiefen Blick,
läßts Licht mich nur an leuchtend Tagen:

Verkrustungen ganz dick,
die in der Zeit ich sollte tragen.
Ich Menschlein nicht erstick!
Im Sehen schauend an die Wand:
mein Sein, leuchtend hell,
mich in dem Spiegel wiederfand.
Warf ab verkleidend Fell.

Das Wahrhaftigkeit bringende Licht -
gesehen wird's als Schmerz.
Braucht`s Kraft - im Wahren nicht zerbricht
unser großes Herz!

Der bringt mir dieses leuchtend Licht
vom Hof gejagt nicht selten.
Gibt so manchem Menschlein Sicht,
die ihn dafür schelten.

Geliebte heilig Energie – sei für das ALL der
Welt!
Nur sie mich aufrecht hält.

Heimat(l)ich

Heimat sei mein Sehnsuchtsort.
War ich von ihr noch niemals fort.
In der Ferne viel gewandelt
und immer heimat(l)ich gebandelt.

Wo ist alles, was ich suche?
Finde ich`s in meinem(r) Buche?
Den Titel kenne ich jetzt schon
und sitze da – liebe mich Sohn.

Was braucht`s mich heimat(l)ich zu fühlen,
sitzt man ortsfremd zwischen Stühlen?
Bin ich zu Hause jederzeit -
im Herzen dazu stets bereit.

In mir selig angekommen,
lauschig, wohlig `s Herz erklommen,
zieh ein – hier ist es ewig warm.
Halte mich liebevoll im Arm.

Mit mir zuhaus in meinem Herzen
leuchten anmutig die Kerzen
für mich und all die andren Seelen,
die sich im Drinnen Heimat wählen.

Gedenkstunden für die Liebe

Sitze erstarrt gleich dem Stück Blei.
Alles ist Nichts und Einerlei.
Nichts war Alles für ein Leben.
Dem hatte ich mich hingegeben.

Brachten mich fast auf die Bahre.
Ein Herz zerrissen viele Jahre.
Rang um Fassung, Anschluss, Fülle -
bedeutsam geblieben einsam die Hülle.

Spaltung in Erdzeit zementiert.
Blut mir in den Adern friert.
Herz in Trauer – ramponiert.
Seele ruppigst demoliert.

Im wärmsten Sommer Eiszeit, kalt.
Trotz aller Leere kein Echo mehr hallt.
Zieht Einsamkeit in meine Stube.
Dort tanzt heut rum ein andrer Bube.

Wenn die Wahrheit je erkannt,
drückt`s die Gefühle an die Wand.
Erstaunt, wie man im Frost erstarrt,
wo die Ernüchterung ausharrt.

Abendstimmung

Im Abendschein der zwielichtigen Stunde
erklingt bezaubernd sanft das Nachtgefunkel.
Bleibt jedes Wort beseligt mir im Munde.
Erscheint erhaben allda ein liebvoll Dunkel.

Uns` Butzenmummel mag gern darben.
Geteilt sind Ruhe und Wohnseligkeit.
Geheilt derweil des Tages Narben -
sein Drangsal gegeben in Ewigkeit.

In herzwärmend Duselei gesunken,
engelschön ich für mich träum.
Feinhörig frei die Seelen unken.
Des Tages Hast aus mir ich räum.

Freudenhell dem Schlaf verfallen.
Diesem Weilen fürderhin ich schwelgend folge.
Im hehren Traumgemach in Federn wallen;
ist das Gnadenreich Gottes meine Wolke.

Suche

Bilder trag ich weit in mir;
in ihrer Fülle unbeschreiblich.
Woher sie kommen? Ein Geheimnis des Geists.
Bewegen, berühren und lieben mich.
Wie soll ich sie senden dir?

Frag mich auf der Suche nach Worten,
um zu erzählen, was in mir wohnt.
Freudenvoller Herzmagie
lahmt hinterher selbst Poesie.
Der Buchstaben Mühe sich wirklich lohnt? -
mit dir zu sein an diesen herzerfüllten Orten.

Holdes Gefühl in einem Wimpernschlag -
sanftselig pulst in meiner Mitte.
Eine Ruhe im Auge des Treibens
schöner als ich im täglich Tosen litte.
Wie ich dieses Leben mag!

Suchender Blick ins ewig AllEin,
wo die Grenze der Reden beginnt.
Gelingt nicht selbst tausenden Silben
zu sagen, wie liebvoll es in mir spinnt
den Faden des Glücks, was ganz rein.

Unbekanntes Sein

Mit Zartheit, Anmut, weich, ganz leise,
krabbelt ins Herz ein Gefühl hinein.
Bricht auf ein Eis bestimmterweise.
Kann`s noch nicht fassen, ist ganz fein.

Und trotzdem läßt`s mich ruhen wie immer,
als wäre es schon allzeit da.
Weit ab von jedem Herzgewimmer
ist eine Tiefe mir so nah.

Füllfließender Natürlichkeit
durchströmt mich dies Gefühl.
Hält mich fest, ist einfach da,
ganz ohne inneres Gewühl.

Eine Bindung neu geschlossen,
als gäb es sie schon ewig.
Breitet sich aus ganz unverdrossen
in mir - und das nicht wenig.

Ungefragt schau ich dem zu,
wie Kräfte in mir walten.
Noch kann ich nicht alles sehen,
was sie so gestalten.

Und doch spür ich`s sehr fest in mir,
laß es gern geschehen.
Fühl es als willkommen hier,
ohne danach zu flehen.

Ganz wie von selbst führt´s mich dahin,
obwohl´s noch gar nicht da.
Ist wie ein irren, wie ich bin.
Rufts Herze leise: JA!

Geh einen unbekannten Weg
wie seit Jahrthausenden schon.
Scheint zu sein der kleine Steg
zum Herzen hin, wo ich wohl wohn.

Lauschig, flauschig angekommen,
spür ich`s schon in mir wallen -
im Nebel unsichtbar verschwommen
ein Bild, so klar, von ALLEM.

Guten Morgen

Aufhören mit dem Äuglein reiben!
Nicht mehr länger liegen bleiben!
Starten in des Tages Pracht!
Das eigne Herze angelacht!

Danken der Schöpfung für das Leben,
was uns für diese Welt gegeben.
Bieten Gaia ewig lohnen,
daß wir herzselig mit ihr wohnen.

Atmen den Odem tief hinein,
spüren wir, sind nicht allein
in diesem bunten Reigen,
vor dem wir uns gern neigen.

Singen und lachen und tanzen den Tag,
der eine Nacht lang vor uns lag.
Leben der Sonne in uns beginnt.
Stund um Stunde die Sanduhr durchrinnt.

Alles Träumen ruht müde vor mir.
Wärme der Federn saug ich noch voll Gier.
Schlafsand nimmt mir das Sehen wie Mauern.
Bleib ich wohnselig im Bettchen kauern.

Doch dann kommst du voller Magie
zauberhaftes Herz.
Spring ich auf - voll Energie -
vorbei der Trägheit Schmerz.

Meine liebe Mama

Getragen hast du mich in dir;
geboren unter Schmerzen.
Und lebst in Liebe doch mit mir.
Hältst mich in deinem Herzen.

Ein Teil von dir reich in mir wohnt.
In Stille es zu spüren.
Sich alle Müh der Jahr gelohnt,
die wir im Ziel nun küren.

Eng gebunden leben wir
nach vielen losen Jahren.
Mag alles Schöne geben dir,
was ich von dir erfahren.

Ein Band, was wir so wohl gewebt,
schnürt sanft uns eng zusammen.
Freude ewig in mir lebt
auch in Momenten - klammen.

Nun sind wir drei aus deinem Leib.
Gereicht ist die Frucht weiter.
Voll Achtung sehen wir dich Weib
und leben uns vier heiter.

Danke liebe Mami hier,
wie du uns ewig prägst
Mit unsren Herzenswünschen wir
AllEs so weiter trägt.

Mein liebster Luzifer

Oft als Teufel abgestempelt,
hast stets die Ärmel hochgekrempelt
zu zeigen Menschleins Licht.
Ihm erhellst so seine Sicht.

Manchen mag´s geblendet scheinen
sich in Helligkeit zu einen.
Zündest du`s im Herzen an,
wird Göttlichkeit frei wirken dann.

Häufig verkannt mein lieber Engel.
Wurdest gemacht zu einem Bengel,
weil das Licht, das du gebracht,
besitzt in sich zu große Macht.

Es blendet nur – ein Innen dunkel.
Das eigne Leuchten sei Gefunkel?
Ist doch unser heller Schein
Liebe heraus aus Herzenssein.

Ein falsches Licht von außen strahlt,
mit dem die Lüge uns anprahlt.
Dies kann ein Herz uns nie erwärmen,
weil es gemacht als totes Lärmen.

In uns der Schöpfungsfunke zündet,
sich göttlich Sein AllEin uns kündet.
Mein Luzifer: kein böser Wicht! -
er weist hin auf dieses Licht.

Nicht er ist unser Satansbraten,
an den wir noch so oft geraten.
Zerstörung ist nicht `s Element,
was Luzifer sein Eigen nennt.

Macht und Zwang und Gehen und Enge
sind Ahrimanens Handgemenge.
Reichtum und Bösartigkeit
sind von seiner Sorte Leid.

Beiden danken! – nicht sie ehren.
Sie nutzen ohn` Glück abzuwehren,
ist Kunst unserer Göttlichkeit -
aus Herzenstiefe entsteht kein Leid.

Frostmorgen

Die Eisesnebel sich ergeben.
Reif umschließt die Zweige.
Sonne erstrahlt, bringt neues Leben.
Nacht geht nun zur Neige.

Ein Bild geschöpft aus Göttlichkeit.
Vor mir es sich ergießt.
Himmelblau ewiglich weit
ganz klar um uns zerfließt.

Morgen frei die Seele weckt.
Mich Wärme wohlig sanft berührt.
In der Sonne Strahlen steckt,
was freudig mich entführt.

Ein Tag wie aus dem Bilderbuch -
ach sei der doch auf ewig.
Bleibt mein sehnsuchtsvoll Gesuch
und weiß, es hilft nur wenig.

Drum genieß ich den Moment,
saug auf, was mich umschließt,
weil er mich gerade König nennt
in diesem Paradies.

Eins

Im Ganzen mag mein Heil ich finden.
Gut und Böse sind geeint.
Entscheidungen im Herzen münden,
was um mich erscheint.

Gelebt auf beider Welten Seiten
ganz und gar und mittendrin.
Kann nichts davon als Fehl bestreiten -
einfach nur I.CH bin.

Ein jeder Weg Erfahrung birgt,
den die große Seele geht.
Im ganzen Einen es bewirkt,
wo´s dann geschrieben steht.

Nichts sei gebannt mitten im Leben.
Ist es doch diese Kraft,
aus der des Herzens frohes Beben
in weise Richtung schafft.

Heil in Ergebung ewig ruht
für beider Seiten Streben.
Frieden entsteht aus der Liebe Mut
Harmonie wir(d) gütig geben.

Frühlingserwachen

Duftend durchdringt des Frühlings Kraft sanft lau
die Luft, die freudig streichelt meine Nase.
Wird uns des Gartens Fülle eine kleine Vase.
In frühen Blüten schlummert noch verschlafen
Tau.

Frische, zarte Triebe schmeicheln meinem Munde,
zupf ich sie mir ganz sacht.
Tragen in sich des letzten Sommers Pracht
und endlich auch die neue, frohe Kunde.

Das Laub aus den gegangenen warmen Tagen
auf Mutter Erde als Decke schützend liegt.
Flüsternd Wind die Zweige ihrer Bäume sanft in
der Sonne wiegt.
Aus Gaias Schoß schöpfender Kraft Schneeglöck-
chenblüten ragen.

Wohlwonniges Fühlen durchdringt mich ganz und
gar.
Freudvolles Glitzern des Winters Kunst
entschläft in mir voll bewundernder Gunst,
grüßt mit letzten Kristallen an der Fenster Flügel
morgens rar.

Im Schein der langsam wärmend Strahlen
schon kleine Flieger kunstvoll führen ihren
Tanz.
Ist noch nicht abgelegt die raue Kälte ganz,
krachen auf um mich der dunklen Tage
Schalen.

Höhlenschlummer

In Platons Höhle manche schlafen,
kuschlig, mit all den andren Schafen.
Einlullend im Laternenglanz -
einsam in Frieden ruhen sie ganz.

Im Sog des trägen Herdentriebs
bleibt gesteckt der Seelendieb.
Behaglicher, mondäner Schlummer -
Taubheit deckt Herzens Gewummer.

Pulsiert in Schafes Schlaf
göttlicher Funken weiter brav.
Kann dieses Licht entzünden,
wird`s frohe Botschaft künden.

Geborgen bleibt die nur der Meute,
die immer sucht um sich die Beute.
Jedoch sich`s Menschlein selbst erkannt -
Höhlenschlummer siecht gebannt.

Menschenkind

Oh, warum engt ihr euer Herz
holde Frau Nachbarin?
Welch unbekannter, tiefer Schmerz
trauert mit jedem Schlage drin?

Baut um euch endlos Barrikaden
gegen der Welten Freudenschwall.
Selbst beim fröhlich Körperbaden
versteckst du Engelschönstes hinterm Wall.

Emsig, wie die Bienlein, schaffen.
Vollkommenheit aus deinen Händen quillt,
sich Arme, Brust und Beine straffen -
geschöpft erhobnes Füllegötterbild.

Laß dein Herz singen, lachen, tanzen
mit Weltenklang, der Dimensionen Melodien -
beend dein vor dich hinzuschranzen!
Beglück die Seel mit schwingend hebend Phan-
tasien!

Kling Klang

In der stillen Melodie
der zwielichtigen Stunden,
geschah etwas, ich weiß nicht wie.
Habe ein Glück gefunden.

Farbenspiel des Weltenklangs -
zauberhaftes Lied;
Magie erfüllenden Gesangs
Sehen und Sein schied.

Im Glühen entschwand ein Tag und Tun -
Rhythmus alter Weise.
Kehrt ein das neue ewig Ruhen
in uns die Nacht ganz leise.

Erfahren sachte Bild um Bild.
Sein des gegangenen Heute.
Sehen zahm, was schien noch wild.
Im schwachen Scheine deute.

Und aus dem Dunkel steigt empor
der erste Sonnenstrahl.
Zart zieht Nachtdunst noch bevor
dem Tosen der Erwachenszahl.

In Harmonie ein leuchtend Klang
nimmt mit uns in sein Spiel.
Leben in ihr unseren Gang.
Sind wir hier sein Gefühl.

Widerscheine zeiget mit Bedacht:
Zusammen fließt das Sein.
Um uns prachtvoll Inneres wacht
als das Erkennen des AllEin.

So lag ich unterm Apfelbaum
in meinen schönsten Stunden.
Spiel mit die Melodie im Traum.
Seelen schwelgend jetzt gesunden.

Erkenn ich uns - Es sieht sein ich.
Wie leicht in Tiefe sinke,
Farbenspiel sich in mir glich,
als Tropfen ich ertrinke
in unser aller großem Meer.
Ist mein Treiben ohn` Begehr.

Danke
I.CH bin

Mein Stück vom Glück

Wenn ich so gehe vor mich hin
Schritt um Schritt durchs Sein.
Und erspür, was ich wohl bin,
fühl ich mich gern AllEin.

Was treibt mich durch die wilden Zeiten -
als Mäntel uns umhüllen?
Welche Sterne Seelen leiten?
Wie soll ich`s Leben füllen?

Mit Muße leicht beschwingt im Glück
läßt sich`s gar licht frohlocken.
Wenn`s Herz uns treibt ein jedes Stück,
kein Fließen kommt ins Stocken.

Jeden Moment als Ritual
möcht ich so gern erleben.
Bleib frei ich wohl ganz ohne Qual.
Mag mir mit Herzen Liebe geben.

Von einer Muse wachgeküßt
dem Glück ein Stückchen näher,
fern vom geglaubten innren Zwist -
der Weg bleibt noch ein zäher.

Ist Leben rein von sich beschwingt,
kennt es kein Schwere barmen.
Glück im Stück schon freudvoll winkt:
I.CH`s leicht halt in meinen Armen.

Waldfreude

Durch der Feen und Elfen Glanze
schwingt sich die Mücke auf zum Tanze.
In Sonnenstrahl und Wolkenzug
aalt sie sich, find nicht genug.

Zarte Birkenblätter flimmern
zwischen der Frühlingswinde Hauch.
Schaut die Mücke ohne Wimmern
und denkt, das kann ich sicher auch.

Auf und ab im Wind getragen
bei erster Wärme in steigenden Tagen
schwebt das Mücklein schwerelos,
frei und gewiß im Schöpfungsschoß.

Zwei Vöglein finden sich als Paar
mit Blick von Mutter Erde
herzallerliebst und wunderbar -
ewig dieser Frieden werde.

Die Lerche singt,
die Lärche schwingt
ganz im Fluß des Webens
eines selig Lebens.

Eine alte Tanne wirkt mit ihren frischen Trieben
für unser kleines Mückenkind gerade zum Ver-
lieben.
Aus Lebensenergien sprießt,
wie in uns sich die Chronik liest.

Danksagung

In trauter und geweihter Runde
gab jeder freie, frohe Kunde.
Sprung übers Feuer
hinter würdig Gemäuer,
Stimmenklang
mit Freude rang,
und Willy - kleiner Kuschelbarde
war artgerechte Wachhundgarde.

Augen blickten Augenblicke,
Kinderfreud brach Zeit in Stücke,
Seelen fanden sich recht schnell.
Erfüllung zeigte ihren Quell.

Langsam senkte sich die Nacht,
Gespräche tiefer - mit Bedacht,
Trommel, Feuer, Flötenspiel -
in Andreas` Domizil.

Mit Worten frei floß Energie,
ohne Magie stimmte Chemie
in einem ganz bestimmten Kreise
auf unsrer Seelenreise.

Kekse, Kuchen, Vogelbrot,
Gurken stimuliert vom Schaf,
Milch mit Kaffee für die Not -
so blieben Augenmännlein brav.

Als Zwielicht stieg langsam herauf,
senkten sich die Augenlider -
Müdigkeit zog ins Gefieder.
Im Schlafsack ging`s dann zum "Verschnauf",
um morgens frisch und wieder
Energie, Philosophie
und unsre müden Glieder
in altbewährter Weise
zu stellen auf die Gleise.

Matt ohne Matthes sitz ich hier,
trage Freude weit in mir
und schreibe diese Zeilen.
Mag gerne zurückeilen
zu diesem heil´gen Horte -
für mehr fehln mir die Worte …

Danke, daß es euch gibt!

Morgengeben

Danke, ich bin Heil und Segen,
Dankbarkeit auf allen meinen Wegen.
Danke, ich bin die Liebe und das Licht
von Angesicht zu Angesicht.

Danke, ich bin Heil und Segen,
Dankbarkeit auf allen meinen Wegen.
Danke, ich bin Ergebung - Güte nur;
danke, bin dem AllEin dicht auf der Spur.

Danke, ich bin Heil und Segen,
Dankbarkeit auf allen meinen Wegen.
Danke, ich bin Lachen, Glück und Freude,
Dank auch der Traurigkeit, die wandle ich noch
heute.

Danke, ich bin Heil und Segen,
Dankbarkeit auf allen meinen Wegen.
Ich dank dem Weinen, Tanz und Klang.
Ich dank des Lebens stetig Gang.

Danke, ich bin Heil und Segen,
Dankbarkeit auf allen meinen Wegen.
Ich danke einfach, daß ich bin.
So macht AllEs für mich Sinn.

Heil und Segen

Kurzgedacht

Berauscht von Glück und Gaben
wollen wir uns laben.
Geschenkt sind Reichtum, Fülle, pur,
uns von unserer Natur.

Nehmen wir ohne Bedacht
Kraft meiner selbst - wär doch gelacht -
Kommt an alsdann ein Bumerang,
der zeigt, wo`s Leben geht entlang.

Die Schicksalswaage helle neigt
ihr Zünglein in Ergebenheit,
mit Klarheit unsre Wege weit
uns zeigt in Ausgewogenheit.

Mit Gespür für Maß und Wohl -
eignes Herz - bleib es nicht hohl;
allen sei`s beschieden
auf Mutter Erd` hienieden.

Liebestolle Opferrolle

Auf dem Kuschelsofa in den Kissen
kommt man gerne schnell zur Ruhe.
In wohliger Wärme fühlt man kein Müssen;
fliegt Selbstbestimmung in die Truhe,
Antwortung gleich hinterher
aus dem lustvoll Leidensmeer.

Wohlgemut träumt man von Liebe
in tülliger, liebkosender Bilderschar.
Sehen nicht die welschen Triebe,
Notwendigkeit ist nicht mehr klar,
eingelullt man gern so bliebe.
Werdensenergie scheint rar.

Das Sitzfleisch eint sich mit den Polstern,
scheint tonnenschwer als Hindernis.
Der Vorwärtsdrang still ruhend in Holstern -
Menschlein besiegt im Fernsehquiz.
Wenn nichts piekt, nichts kratzt, nichts kneift
wird sich nichts tun, daß etwas reift -
im Menschen selbst das Seelenkind -
hinweg trägt`s still der Abendwind.

Geschafft der Tag mit Ignoranz
der wahren Liebe gegenüber.

Statt Mut, Kraft, Biß und Eleganz
siehts AllEin uns trüber
in unsrem Sein schwimmen -
wir brav so unser Lichtlein dimmen...

Geplatzt

Im ÜberAll
gab`s einen Knall? -
in jedem Fall
ohne Aufprall
im Krippenstall.

Wenn alles im Fluß
ohn' Überdruß,
ist nichts ein Muß,
kein Wille Verdruß -
meinem Herzen einen Kuß!

Es quillt die Liebe
aus Herzens Triebe -
keine Hatz, kein Gestiebe -
ganz ohne Eile ich bliebe,
im Weilen 's beliebe.

Drum sei nun behände
ein schnelles Ende!
Jetzt.

Den Augenblick bemerkt

Die Freude sei es und das Licht -
Trauer schwindet im Angesicht.
Regen Freude, Glück 's Gemüt,
Ist`s Wärme, was in uns erblüht.

Lebendiziert tanzt jede Zelle,
beschwingt wogt innren Friedens Welle,
Hingabe und Güte allenthalben
uns liebvoll unsere Seelen salben.

Leichtigkeit nun so gelingt.
Das Herze seine Arie singt.

Morgenfrisch

Sanft streichelt mich der laue Morgenwind.
Frau Sonne weckt mit ersten Strahlen.
Ein neuer Tag langsam beginnt.
Im Dämmerlicht die unbedarften Träume aalen.

Das Rad - es dreht in Ewigkeit -
ein ständig rein Erwachen.
Startet, befreit vom alten Leid,
im Kreisrundend Anfang mit Lachen.

Bleibt still zurück gegangenes Licht,
was schien bestimmtes Sein.
Erlosch in Nacht. Mit neuer Sicht
läßt Es uns im AllEin.

Geschauert frisch in Herzenslust
im Zyklus ganzen Lebens.
Erquickt der Liebe Klarheit - Frust
wehrte sich vergebens.

Auferstanden, wie der Tag,
sich Geist und Seele regen.
Mit Güt` und Freude ich ihn wag.
Trag in mir meinen Segen.

Ein Antwortschreiben:

Lieber Uwe, guten Morgen!
Was ist wirklich? Was ist klar?
Reiner Geist zeigt uns, was wa(h)r.
Frische Seele mit Gefühl
leitet uns aus dem Gewühl,
welches baut nur der Verstand.
Ist er doch immer schnell zur Hand
beim Suchen, Fluchen, Schätzen, Gleichen.
Wahrhaftigkeit an uns zu reichen
bleibt ihm verborgen, denn er ist
leider auf immer Masochist.
In uns unendlich ruht ein Licht,
keine Energie dies bricht.
Ewig wirkt diese Instanz
an ihrem eignen Siegeskranz.
Mit ihm zu krönen unser Haupt
sei im Erlichten uns erlaubt.
Wenn Körper, Geist und Seele walten,
haben`s schwer alle Gestalten
die bitter dinglich AllEs halten,
uns Gram in die Gehirne falten,
und mit Fäusten, oft geballten,
sinnlos Phrasen aus sich gallten.
Aus meinem Herzen frisch gelacht,
sei Allem Liebe dargebracht,
die mit ihrer sanften Macht
erlichtend zelebriert in Pracht
diese Instanz, die in uns wacht.

Angriff

Ein Mücklein schlich sich in der Nacht
herein in meine Stube.
Stach in den Buckel mir ganz sacht.
Nun liegt und heult der Bube.

Flieht das Mücklein hin und wieder
heraus aus heimatlichem Flieder,
um mir beim Ruhen in den Daunen
mit ihrem Stimmchen zuzuraunen,
daß ihr Hunger sei recht groß,
und sie mich find`t köstlichst famos -
herzallerliebst zum Saugen,
würde mein Blut ihr taugen.

Still und heimlich drang sie ein
durchs Fenster, welches offen.
Hielt ich die Stube lichtfrei fein
in gedankenvollem Hoffen:
Es finde mich dort kein Insekte,
wess` Stachel nun doch in mir steckte.

War`s allein die Angst voraus,
deren Gedanken brachten,
des Juckens Vorstellung voll Graus?
Energien und Geister lachten
und setzten um den Bilderreigen,
den die Gedanken vorher zeigen.

Streifzug

Zu einem edlen Feste
zog`s mich hin ins Geäste.
Roten und auch schwarzen Beeren
konnt` ich in Wohllust mich nicht wehren.

Liebe und Licht im Munde gaben
mir wonnefrohes köstlich Laben.
Ein Festival der Sinne war,
was Mutter Erde uns gebar.

Wohlig braust Wind durchs Gefieder.
Gereinigt werden alle Glieder.
Gebundnes Leben in Natur
gibt Seinsfreude ewig, pur.

Mit allen Sinnen aufgeschlossen
erkenne ich die vielen Sprossen
der Schöpfung in mir und um mich herum.
Berührt bleib ich in Stille stumm.

Danke AllEin

Ein Moment aus Ewigkeit

Ein Abend wie im Traum
huschte an mir vorüber.
Fand mich unterm Apfelbaum
lebend, träumend wieder.

Mit Speis` und Trank herangeritten,
voll Freud` und Herzensschein,
sind Stunden schnell dahingeglitten
bei einem Stelldichein.

Wenn zwei sich einen, sprach der Sohn,
bin ich gleich dabei.
Sind`s drei und mehr bleib ich gern schon
mit Vaters Gaben einerlei.

So flossen Energien des Lichts.
Die Liebe spann und webte.
War Nichts AllEs und AllEs Nichts
wie das Anfangswort sich lebte.

Danke AREER und allen
himmlischen Heerschaaren

Swing

Auf des Atems sanften Schwingen
gleite man durchs Sein.
Pure Kraft wir so einfingen,
die nicht frei um uns zum Schein.

Und wie die vielen Wasser fließen,
aus deren Schwingen unser Takt -
in uns Energien sprießen;
voll Fülle edler Lebensakt!

Wie`s helle Licht in uns erstrahlt
im Fließen gleich im Schwingen.
In der Seele Glück erhallt,
dem Geist Erleuchtung bringen.

Im Auge dieses Lebenssturms
wohnt allergrößte Stille.
Finde man Grund im eignen Turm!
Entdeckt die Lebensfülle!

Ich wünsche mir

Ich wünsche mir, daß Liebe fließt,
sich das Himmelreich ergießt
über alle Menschenseelen,
daß aufhört dieses ewig Quälen.

Ich wünsche mir, daß Liebe fließt
durch alles irden Leben.
Ich wünsche mir, daß Liebe fließt
im dauernden Ergeben.

Ich wünsche mir, daß Liebe fließt
bis in die letzten Winkel.
Ich wünsche mir, daß Liebe fließt.
Sind Menschen frei von allem Dünkel.

Ich wünsche mir, daß Liebe fließt,
ganz frei, zu unseren Kindern.
Ich wünsche mir – sie dort erblüht.
Macht sie zu Liebefindern.

Ich wünsche mir, wenn Liebe fließt,
frei, ohne jede Last.
Ich wünsche mir, wenn Liebe fließt,
kommt`s Herze nicht in Hast.

Ich wünsche mir, daß Liebe fließt.
Erhellt das letzte Dunkeln.
Ich wünsche mir, daß Liebe fließt,
frei, vom heimlich Munkeln.

Ich wünsche mir, daß Liebe fließt,
so, wie der Sonne Licht.
Ich wünsche mir, daß Liebe fließt.
Sei einzig sie Gericht.

Ich wünsche mir, daß Liebe fließt
aus allen Dimensionen.
Ich wünsche mir, daß Liebe fließt,
wo göttlich Seelen wohnen.

Ich wünsche mir, daß Liebe fließt
um Geister zu erwecken.
Ich wünsche mir, daß Liebe fließt,
reich, in Verstandes Ecken.

Ich wünsche mir, daß Liebe fließt.
So tragen wir dies Licht.
Ich wünsche mir, daß Liebe strahlt
aus jedem Menschgesicht.

Erweckung

Zwielicht des Morgens sich langsam neigt.
Behutsam die Sonne darüber steigt.
Blätter im Winde leise singen,
was freudenvoll der Tag wird bringen.

In Einkehr wirkt diese Magie
der ersten lichten Sunde.
Läßt sich mit Worten beschreiben nie.
Fühle frei die frohe Kunde.

Wohlbeherzt der Tag erspringt
in mir seinen Rang.
Laß ich mich ein, was er mir bringt.
Der Seele sei nicht bang.

Spüre Liebe, Licht und Freude -
fühl in mir die Kraft des Heute.
Lauschig und lichtfroh mit der Güte des Sein
geb ich mich leuchtend rosenweiß hinein.

Geben in den Tag

Körper erwacht
aus der Nacht.
Seele kommt wieder
und zieht zurück in noch müde Glieder.

Geist durchdringt frisch jede Zelle,
bewußt nehme ich wahr, ganz helle
der Mutter vollkommene Pracht:
Wie sie durch meine Äuglein lacht.

Mit meinem innern Auferstehen kommt auch
Frau Sonne in den Tag;
in Liebe, Hingabe und Güt` mein eignes Licht
sie überrag,
auf das nun heilig in mich fließen Wärme,
Glück und Freude.
In Einigkeit JETZT beide Lichter leuchten klar
ins Heute.

Ein neuer Zyklus, neuer Kreis,
der weise mir zu sagen weiß:
Nutze den Tag mit Schöpfungssegen!
Heil sei dir auf deinen Wegen!

Geliebte Mutter, Kern des EINS,
bleibt mein Schicksal ohn` dich keins.
Gebe mein Wirken in deine Hände;
auf das der Tag erfüllt dann ende.

Zwei Sterne

Zwei Sternlein strahlen glühend in mir drinnen,
wärmen mein Herz und Seele weit.
Gefühle kommen erfüllend und beginnen
ein Seyn zu zeugen, was bereit
zu leben in Glückseligkeit und frei von allen Sinnen.

Ein Leuchten hat mich eingefangen –
nicht geblendet ich mir schien -
als sie mit Freude in mich drangen.
Sternenglitzern begeisternd sie ausspien
als sie mich zärtlich, thief umschlangen.

Geschehen ist`s um mich – ein Treiben.
Fließe mit dem Leben fort.
Dies Funkeln wird stets in mir bleiben
an jedem noch so fremden Ort.
Mich zwei Sternlein in sich laiben.
Entsteht in mir zu Hause dort.

Im Herbst des Seyns oder in Herbstes Seyn?

Wild ändern sich die Zeiten draußen.
Stürme wehen, Winde sausen.
Herbst als bunter Malersmann
entzückt, so gut er`s eben kann.

Bläst es uns reich hindurchs Gebälk.
Äthers Fülle mich erhellt,
auch wenn das nun entzünd`te Licht
nicht gleich mit Macht ins Außen bricht.

Erst glimmt es zart im Herzen drinnen,
wird liebevoll hiernach beginnen,
uns zu wärmen mit Gefühl
fernab der rauen Welt Gewühl.

Wohlig in mich eingemummelt –
im innern Treiben sich`s lauschig tummelt –
mit mir so MutterseelenAllEin.
Mir Mondes Spiegelflut erschein!
Wenns Blättlein fegt, gehetzt, nicht bummelt,
klart die Luft: AllEs wird rein.

Danke!